AF362417

DISCOVRS
AV VRAY DV BALLET
DANSÉ PAR LE ROY,
LE DIMANCHE XXIX[e] IOVR
DE IANVIER. M. VI.[c] XVII.

Auec les deſſeins, tant des machines & apparences differentes,
que de tous les habits des Maſques.

A PARIS,

Par PIERRE BALLARD, Imprimeur de la Muſique du Roy, demeurant
ruë ſainct Iean de Beauuais, à l'enſeigne du mont Parnaſſe.

1617.

Auec Priuilege de ſa Majeſté.

AV ROY.

IRE,

Armide s'apparut il y a quelque temps a moy, & me fit des reproches de ce que n'estant pas contant que le Tasso eust fait voir ses passions sur les plus renommez theatres du monde, je les auois encores fait seruir de sujét de ballet, pour faire rire les beautez de vostre Court de l'impuissance de la sienne : Mais quand je luy dis que vostre Majesté, (Amoureuse des grandes actions) auoit choisi la deliurance de Renault, parmy beaucoup d'autres sujéts que je luy auois presentez : & que s'il estoit encores prisonnier vous iriez vous mesme le tirer de ses mains, elle changea de langage, pour m'asseurer qu'autant que sa perte luy auoit esté honteuse autant elle tenoit à gloire que vous y eussiez pris plaisir. J'auoüe que la grace qu'elle eust à me donner cette asseurance ayda beaucoup a me faire croire que si vostre Ma-

jesté s'estoit seruie de moy en l'inuention & disposition de son Ballet, elle n'auroit point desagreable que j'en publiasse la beauté. Mais quand je conus que la Cour déja glorieuse en la possession d'vn si grand Monarque, mouroit d'enuie d'auoir en ses mains de quoy se souuenir que luy mesme s'estoit abaissé pour luy plaire, j'entrepris plus hardiment de faire voir au jour ces prophetiques plaisirs d'vne nuit si gayement passée, & les adresses maintenant à vostre Majesté, afin que son nom les deffende contre le temps qui semble deja les auoir enuieillis, & que daignant voir ce qu'elle a pris plaisir de faire, elle authorise les tres-humbles seruices que luy a rendus, & desire rendre toute sa vie.

Son tres-humble & tres-fidelle
suject,

DVRAND.

DISCOVRS
AV VRAY DV BALLET
DANSE' PAR LE ROY,
LE DIMANCHE XXIX' IOVR
DE IANVIER. M. VI.C XVII.

Auec les desseins, tant des machines & apparences differentes,
que de tous les habits des Masques.

CE n'estoit point assez que Renault eust autre-fois esté deliuré des charmeuses prisons d'Armide, il falloit encores que les deux plus grandes & plus vertueuses Reynes du monde vissent representer sa deliurance, afin qu'apres leur jugement personne n'acculait plus Renault de perfidie, ou ne plaignit Armide d'auoir perdu ce qu'elle aymoit imprudemment. Déja leurs Majestez l'auoyent plusieurs fois condamnée, & toutes leurs actions montroyent que si elles estimoyent en Armide le sexe qui leur estoit commun, elles y blasmoyent les voluptez & les tromperies qu'elles eussent voulu n'estre point sçeües. Le Roy mesme, qui peut (ce semble) donner plus de licence aux apetits, a fait conoistre a tout le monde, qu'il n'estimoit aucune volupté loüable que celle qui naissoit de la vertu, en voulant que la deliurance de Renault fut le sujét de ses plaisirs: plaisirs vrayement Royaux & digne d'vne telle Majesté que la sienne : car si la sumptuosité des appareils estóna tous ceux qui les virent, l'ordre gardé dans la salle, la rauissante Majesté des Reynes, le grand nombre des Princesses parées, la magnifique beauté des autres Dames, les diamants entassez sur les habits, & les coiffures, & la judicieuse conduitte des differens ballets, firent auoüer aux plus medisans que pour cette fois il leur falloit taire (s'ils ne vouloyent changer de langage) & les autres qui donnent aux choses ce qu'elles meritent, ne se peurent tenir d'auoüer qu'ils eussent esté fachez que Renault n'eust point esté prisonnier, pour estre deliuré de la sorte.

Rien n'estoit encores paru qu'vne grande perspectiue de Palais & paysage recullé, qui cachoit le Iardin d'Armide a tous les spectateurs, quand on entendit vn grand concert de musique, dont les concertans estoyent cachez, & pouuoyent neantmoins voir toute l'assemblée au trauers des fueillages qui les couuroyent: Cette musique composée de soixante & quatre voix, vingt-huict Violles, & quatorze Lurhs, estoit conduite par le sieur Mauduit, & tellement concertée qu'il sembloit que tout ensemble ne fut qu'vne voix, ou plustost que ce fussent ces oyseaux qu'Armide laissoit a l'entour de Renault pour l'entretenir en son absence, ayant pouuoir de contre-faire les voix humaines, & de chanter les plaisirs de l'amour, auec les persuasions contenues en ses vers, (faits & mis en musique par le sieur Guedron Intendant de la musique de sa Majesté.)

A iij

GVEDRON.   BALLET
Vis que les ans n'ont qu'vn printemps, Passez amans douce-
Seul.
mant vostre temps, Vos jours s'en vot & n'ot point de retour,   Employez
les aux delices d'Amour. Employez les aux delices d'Amour.
Vis que vos ans n'ont qu'vn printemps, Passez amans douce-
mant vostre temps, Vos jours s'en vont & n'ont point de retour, Employez
les aux de- lices d'Amour.   CINQVIESME.
Vis que les ans n'ont qu'vn printemps, Passez amans douce-
mant vostre temps, Vos jours s'en vont & n'ont point de retour,

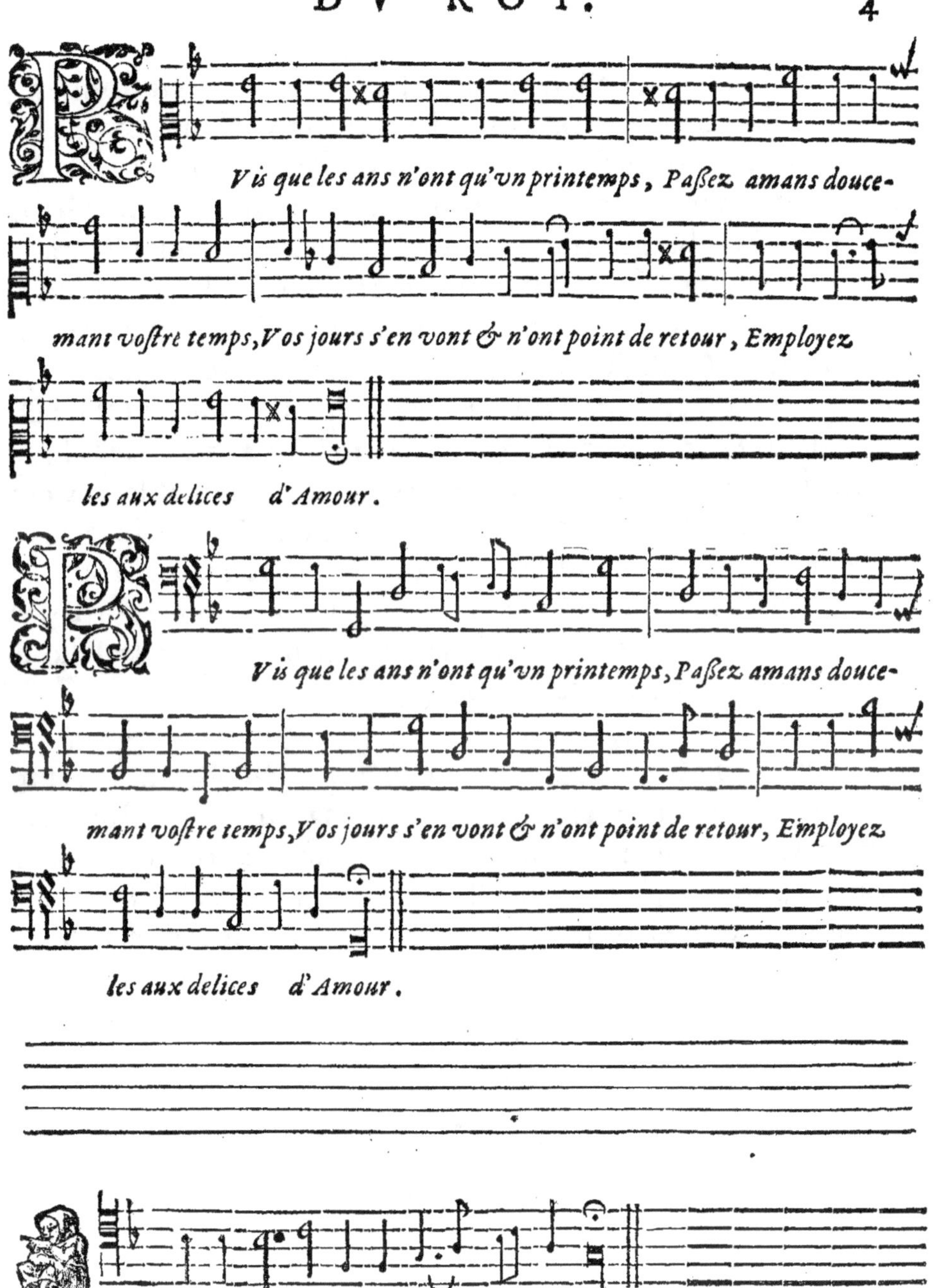
Vis que les ans n'ont qu'vn printemps, Passez amans douce-
mant voftre temps, Vos jours s'en vont & n'ont point de retour, Employez
les aux delices d'Amour.
Vis que les ans n'ont qu'vn printemps, Passez amans douce-
mant voftre temps, Vos jours s'en vont & n'ont point de retour, Employez
les aux delices d'Amour.
Employez les aux deli- ces d'Amour.

BALLET

CEtte Mufique ceſſant au ſignal que le Roy luy fit donner, ſe perdit la perſpectiue premiere qui la cachoit, & parut la montaigne pourtraicte en la premiere planche qui ſe verra cy apres. Renault (repreſenté par Monſieur de Luynes premier Gentilhomme de la chambre de ſa Majeſté & ſon Lieutenant general au Gouuernement de Normandie) eſtoit couché ſur l'herbe & ſur les fleurs, au dedans d'vne grotte enfoncée dans le milieu de cette montaigne : Au deſſus & a l'entour de cette grotte eſtoit ſa Majeſté, accompagnée de douze Seigneurs, repreſentant autant de Démons laiſſez par Armide a la garde de ſon bien aymé, auec charge de luy faire paſſer le temps en tous les delices imaginables. A chacun des coſtez de cette Montaigne, eſtoit vne Roche ſe perdant dans les nuës, qui ſembloyent rouller au deſſus. Et tout enſemble auec les boccages des coſtez, (ou ſe cachoit le corps de la Muſique precedente) occupoit la largeur de la grande ſalle du Louure ou fut faitte cette action.

Pas vn ne vit cette Montaigne ornée d'vne ſi bizarre beauté, remplie de perſonnes ſi inuentiuement maſquées & veſtues, & ſi claire par les brillans, & broderies rejaliſſantes contre les flambeaux oppoſez, qui ne creut eſtre en quelque agreable ſonge, ou qui ne prit pour Démons veritables ceux qui les repreſentoyent ſeulement.

BALLET

CE ne fut pas sans choix ny raison que le Roy voulut representer icy le Demon du feu & se couurir de flames comme il est
pourtraict en la seconde planche, car outre que sa Majesté voulut
faire voir à la Reyne sa femme, quelque representation des feux
qu'il sentoit pour elle, il se vestit encores de la sorte a desseing de
tesmoigner sa bonté a ses sujets, sa puissance a ses ennemis, & sa
Majesté aux estrangers, il sçauoit bien, que c'est le propre du feu
d'épurer les corps impurs & de reünir les choses Homogenées &
semblables, separant l'or & l'argent de toute autre matiere moins
noble & moins riche, comme c'est le principal desir de sa Majesté,
de r'apeler tous ses sujets a leur deuoir, & les purger de tous pretex-
tes de desobeissance. Il sçauoit bien dis-je que le feu court apres la
matiere combustible, & ne consomme rien en son lieu naturel,
ains sert a l'entretien des creatures inferieures & donne contente-
ment a ceux qui le voyent d'vne distance proportionnée : de mesme que sa Majesté destruict facillement ceux qui l'outragent, &
n'employe son authorité qu'a la conseruation de ses peuples, ou
l'agrandissement de ceux qui l'aprochent, auec le respec qui luy
est deu : Bref il cognoissoit que le feu est le plus esleué de tous les
Elemens, comme luy le plus grand de tous les hommes, que le feu
ne peut estre enfermé, ny borné, que de ses bornes naturelles.
Comme luy ne peut estre limité que par la puissance diuine & sa
propre volonté. Et que les esprits qui sont les plus proches de Dieu
entre les Hierachies cœlestes, estant appellez Seraphins, qui signi-
fie feu eschauffant. Il doit aussi affecter vne qualité si agreable à
Dieu mesme, comme estant le plus proche & le plus aymé de luy
parmy les hommes.

C’eſt pour toutes ſes raiſons qu’il ſe voulut couurir de flammes, & ſes flammes eſtoyent eſmaillées & faites auec vn tel artifice, que le feu meſmes ſe rendoit plus eſclatant par elles, lors que les rayons des flambeaux innombrables de la ſalle eſtoyent adreſſez deſſus, & que ceux qui les regardoyent en reçeuoyent la reflexion. Son maſque & ſa coiffure eſtoyent de meſme compoſition que ſon habit, & n’euſt eſté la douceur extreſme de ſes actions on euſt creu que deſlors ſa Majeſté s’eſtoit couuerte de feu pour conſommer ſes ennemis.

Ainſi veſtuë & couuerte de flammes, elle deſcendit les degrez d’vn petit theatre eſleué de trois pieds ſeulement, au ſon de vingt-quatre Violons repreſentant autant d’eſpris, logez en vne Niche ſeparée pour ſeruir aux differens actes du Ballet, & comme ſi ſa Majeſté euſt repris Renault d’eſtre ſorty ſans ſon congé (par ce que des-ja il s’eſtoit auancé dans la ſalle) elle le ramena juſques au milieu, & dança auec luy juſqu’a ce que Monſieur le Cheualier de Vendoſme, (repreſentant le Demon des eaux) & Monſieur de Mompoullan (vn eſprit de l’air) deſcendirent de la Montaigne pour les venir joindre: Tous quatre ſont ſignalez par differens nombres en la ſeconde planche, ſa Majeſté par l’vnité, Monſieur de Luynes par 2. Monſieur le Cheualier par 3. Monſieur de Mom-poullan par 4. & chacun des pourtraicts exprime ſi naïfuement leurs habits que la deſcription en reſtant inutille, c’eſt aſſez de dire que leur entrée fut ornée de ſi belles dances, ſi diuerſes figures, & ſi follaſtres actions, qu’ils laiſſerent à ceux qui les veirent vne creance de ne pouuoir rien voir de mieux, & aux autres maſques vne aprehenſion de n’auoir plus dequoy ſe pouuoir faire regarder.

TAndis qu'ils acheuoyent leur Ballet , & que des-ja Renault se
voulant reposer s'acheminoit vers sa grotte , Monsieur le
Conte de la Roche-guyon (pour le Demon de la Chasse marqué 5.
en la planche suiuante) & Monsieur le General des Galleres (te-
nant lieu du Demon des foux marqué 6.) descendirent de la mesme Montaigne, dont estoit sortie sa Majesté & sa suitte ; mais si
l'inuention de leur habit fut extrauagante & gentille, la justesse de
leur dance, & le rapport de leurs gestes, fut autant inimitable,
que les premiers s'estoyent creus sans comparaison : on douta long
temps s'ils n'auoyent point apris quelque chose des Demons mesmes, & si les hommes pouuoyent auoir autant de promtitude &
de conduitte tout ensemble.

B iij

3

MAis quand ces seconds cesserent de dancer, & que Monsieur de Liancourt (representant vn esprit follét signallé en
la planche suyuante par 7. (Monsieur de Blinuille) le Demon du
jeu par 8. (Monsieur de Challais) celuy des auaricieux par 9.)
& Monsieur de Humieres (celuy des Vilageoises aussi remarqué
par 10.) quand dis-je ces quatre nouueaux Demons, descendirent
de leur Montaigne, pour venir chercher Renault qu'ils ne voyoyent plus; les regardans estonnez de ce qu'ils auoyent veu reuin-
rent a eux par l'estonnement de ce qu'ils voyoyent, & l'extraordi-
naire disposition des personnes, joincte à la bizarre rencontre
des habits, auec la difficulté des pas si facilement surmontée, firent auoüer a tous que la merueille surpassoit de bien loing la creance qu'ils auoyent euë de leur perfection.

ENcores la bonne fortune de l'affemblée ne s'arrefta telle pas
au plaifir que leur donna cette troifiefme entrée : vne quatri-
efme (reprefentée en la cinquiefme planche) la fuyuit & luy fit
dire que les admirations eftoyent vaynes, ou les miracles fe fuy-
uoyent. Monfieur le Marquis de Courtanuault (au lieu d'vn ef-
prit adrien, marqué 11.) Monfieur le Conte de la Roche-foucaut
(comme le Demon de la Vanité, marqué 12.) Monfieur de Bran-
tes pour le Demon des Mores, marqué 13. (& Monfieur le Baron
de Palluau (reprefentant le Demon de la Guerre, marqué 14.) furent les quatres qui fortirent les derniers de la Montaigne : mais
ils ne furent pas les derniers en l'eftime que l'on fit des perfonnes
& des actions, l'ordre gardé dans leurs dances, la Majefté de leurs
habits, & la beauté de leurs figures, fit quafi oublier ce qu'aupa-
rauant on auoir admiré, & chacun ne fçauoit a quoy fe plaire
pour auoir trop de plaifir.

C

VN nouuel ayſe fit bien toſt perdre ce doute : car Renault re-
ſortit de ſa grotte auec tous les Demons qui l'auoyent cher-
ché ou ſuiuy, & ſe joignands tous auec les quatre reſtans, danſe-
rent vn Ballet de quatorze, ſi different des premiers en nombre, & en beauté, qu'il euſt tout ſeul les aplaudiſſemens qu'a-
uoyent eu tous les autres, & qu'en finiſſant on ſe plaignit qu'il
auoit trop peu duré. Tous les Demons ſeuanoüirent, & lors ſe
commença la deliurance de Renault : car deux Caualliers (ar-
mez a l'antique, & marquez en la planche ſuyuante par 15. &
16. l'vn portant vne baguette, & l'autre vne carte auec vn eſcu
argenté & luyſant comme vn Miroir,) entrerent par dedans
vne fueillée eſleuée a coſté de cette Montaigne, & dancerent
quelque temps ſous vn air de Trompette, ſi artificieux & ſi
beau qu'on euſt ſouhaitté ne l'entendre jamais finir. Ces Cheualliers (n'ayant autre but que la deliurance de Renault) n'eu-
rent pas long temps paru dans la ſalle qu'ils ſe retournerent
vers la grotte premiere ou cét Heros auoit paru. Armide qui
n'en eſtoit ſortie qu'apres auoir diſpoſé ſes Demons à ſa garde, leur fit voir à l'abbort le premier effect de ſes charmes : car
cette Montaigne ſe tourna d'elle meſme, les Rochers des coſtez ſecoüerent leurs teſtes qui ſembloyent immobiles, tout
changea d'vn inſtant, & en leur place parut ce qui eſt repreſenté en la ſixieſme planche. Sçauoir de beaux Iardinages occu-
pans la largeur de la ſalle & dans ces Iardins trois grandes fonteynes ruſtiques. Celle du milieu jettoit ſon eau d'vne trompe
en Niche, eſleuée au deſſus d'vn baſſin dont les gargoulles jal-
liſſoyent contre la trompe comme ſi elles euſſent eſté faſchées
qu'elle leur derobaſt la veuë du Ciel qu'elle leur cachoit. Les
deux fonteynes des coſtez piſſoyent a trauers le ſtucq incruſté

BALLET

fur le pendant d'vne Roche, qui fembloit prefte a tomber fur les baffins entourés de petits arbriffeaux, & d'vn nombre infini de fleurs.

La nouueauté de cét afpec arrefta quelque temps les Caualliers : mais fe refouuenant des aduis qu'on leur auoit donnez, ils fe feruirent de leur baguette, pour deftruire ces magiques puiffances d'Armide, au premier coup que fes fonteynes en reçeurent, toutes trois fe fixerent, l'eau ceffa mefme de couller, & l'or efclattant dont elles eftoyent enrichies, perdit le plus beau de fon luftre. Vn nouueau charme encore leur donna nouuel eftonnement, car vne Nimphe efcheuellée & toute nuë fortit du baffin de la fonteyne du milieu, & tandis que les Caualliers cherchoyent paffage, pour entrer dans le Iardin, elle chanta ces vers faits par Bordier, recitez par vn des pages de la Mufique du Roy.

Velle pointe de jalousie   Vous a mis en
la fan- tasi- e,   De troubler des   amans qui libres
& con- tens Cueillent la fleur de leur printems.

BALLET

Laißez Renault loing des armées,
Qui sont dans les champs Idumées,
Il doit, jeune qu'il est, donner à son desir
Moins de gloire & plus de plaisir.

Amour, dont son cœur est le temple,
L'empesche de suiure l'exemple
De ces foibles esprits qui rendent leur bon-heur
Suject aux loix du poinct d'Honneur.

Il doit plustost faire la guerre
Sous Amour qui peuple la terre,
Que de perdre la fleur de ses jours les plus beaux
Sous Mars qui peuple les tombeaux.

Ce Dieu causant mile supplices,
Il vaut mieux parmy les delices
Auoir de son viuant quelque doux reconfort,
Que des Autels apres sa mort.

Puis que l'homme retourne en poudre,
Pour sa gloire il se doit resoudre
De repaistre plustost les flames d'vn bel œil,
Que les vers qui sont au cercueil.

D'Autres que ces Caualliers euſſent eſté arreſtez par la douceur de la voix ou la beauté de la Nimphe : mais leurs
oreilles & les veuës eſtoyent bouchées, & leurs baguettes ſu-
pleant à leur courage, (qui leur deffendoit d'employer des armes ſur vne femme belle & nuë comme eſtoit celle là) ils la
forcerent de ſe replonger en l'eau dont elle eſtoit ſortie pour
les arreſter.

AVIII-toſt parurent ſix differens Monſtres pourtraicts en la ſeptieſme planche, deux deſquels auoyent la teſte, les ayſles, & les pieds de Hiboux, auec le reſte du corps couuert d'vn habit de Iuriſconſulte, ſçauoir d'vn bonnét quarré, d'vne ſoutanne, & d'vne robbe noire : deux autres auoyent la teſte, les bras, & les jambes de Chien, le reſte du corps rapportant a vn païſan : & les deux derniers ayant teſte, bras, & jambes de Singe, repreſentoyent vne fille de chambre, jeune & parée ſelon l'vſage preſent. Ces Monſtres plaiſans & difformes tout enſemble, attaquerent les deux Caualliers, comme ils entroyent dé-ja dans le Iardin, & eux leur reſiſtant par les armes, & par la puiſſance de la baguette, leur contraſte donna lieu a vn Ballet de bouffonnerie & de grauité entre-meſlée, qui n'euſt pas la derniere place en la loüange de ceux qui les regarderent.

D

BALLET

EN fin il s'acheua comme les precedens , & s'acheuant les Monſtres s'enfuyrent tandis que Renault tranſporté d'ayſe, en la poſſeſſion de ſon Armide, eſtoit couché ſur les fleurs que l'eau de ſes fonteynes arrouſoit en tombant, & chantoit ces vers faits par Durand.

D ij

Eitez   qui libres d'ennuis   N'auez rien
de sujét aux maux de nostre vie,   Contant de l'estat ou   je
suis,   Ie ne vous porte point d'enuie: Car Amour me don-

Si la clairté d'vn beau soleil
Le soir & le matin luit à vostre demeure,
Dedans les attraits d'vn bel œil,
Ie puis reconoistre à toute heure,
Qu'Amour voulant donner ce qu'il à de plus doux
D'vn mortel comme moy fait vn dieu comme vous.

TOVRNEZ POVR LE RESTE DES PAROLLES.

D iij

BALLET

Armide mon plus cher ſoucy
Eſtraint ma liberté d'vn nœud ſi deſirable,
Que n'eſtant point captif ainſi
Ie croirois eſtre miſerable,
Et ſes yeux tou-puiſſans ont des charmes ſi doux
Que leur ſeule vertu me fait dieu comme vous.

Mais helas! jaloux de mon mieux
Vous m'oſtez ſi ſouuent les regards de ma belle,
Qu'il faut croire que dans les Cieux
Vous mourez tous d'amour pour elle,
Où que vous ne pouuez ſouffrir qu'vn œil ſi doux,
D'vn mortel comme moy face vn dieu comme vous.

Au moins ſi voſtre cruauté
Pour auoir trop oſé me veut faire la guerre,
Faites moy reuoir ſa beauté,
Et puis m'effacez de la terre,
Pourueu que je trépaſſe aupres d'vn œil ſi doux
Ie ne me croiray point eſtre moins dieu que vous.

LEs Caualliers plains d'ayſe & d'ardeur en la rencontre de ce qu'ils cherchoyent , s'arreſterent tout court a l'entrée de ce Iardin , & faiſant voir Renault a luy meſme dans l'eſcu de Criſtáil qu'ils aúoyent apporté, l'emmenerent hors de ce lieu enchanté , juſques au milieu de la ſalle, où ce Guerrier euſt telle honte de ſa jeuneſſe ainſi paſſée , que ſes Carquans luy furent des meurtres reprochables , ſes dorures des taches infames , & ſa demeure voluptueuſe vne funeſte priſon ; dont à l'heure meſme il deſira de ſortir. Auſſi la huictiéſme planche le repreſente telle tout honteux & furieux tout enſemble briſant ſes cheſnes en paſſant aupres de ce Iardin , qui parauant luy ſembloit entouré de precipices , & fuit auſſi ſoudainement la preſence d'Armide qu'ardamment il en auoit ſouhaitté la veuë .

ARmide accourt efplorée fur les lieux que Renault a laiffez, elle voit fes fonteynes taries fes Nymphes muettes fes Monf-tres chaffez, & bref tout fon Iardin changé de ce qu'il eftoit au-parauant, alors cette maifon choifie par elle pour fes delices, eft le lieu de fon defefpoir, alors elle efprouue que l'Amour ne s'attache point par d'autres charmes que par les fiens, alors dis-je elle aprend que les plaifirs du vice aboutiffent a la douleur, & qu'il faut toft ou tard que l'Amour face vn action d'vn dieu qui porte des ayfles. Le dépit prend la place de fa bonne vo-lonté, & luy fait appeller fes Demons par des conjurations tou-tes nouuelles: mais il fembla que ces malicieux miniftres apre-hendaffent de l'aprocher, ou que felon la nature de l'affliction qui appelle les rifées de tout le monde, ils priffent plaifir a fe mocquer de fon inquietude. Tous ces Demons font pourtraicts en la neufiefme planche, fçauoir trois en forme d'Efcreuiffe, deux en Tortues, & deux en Limaffons, & tous fortirent de deffous des antres obfcurs, a mefure qu'Armide (qui eft pourtraicte au mi-lieu deux) redoubla fes conjurations.

E

L'Enchanteresse depitée de voir ses Demons sous ces formes moqueuses, fit de nouueaux caracteres, proconcea de nouueaux mots, & chanta ces vers faits par Bordier.

GVEDRON.

BALLET

Esprits les plus trompeurs de l'infernalle bande,
C'est vn faire le faut,
Parlez Demons, Armide vous demande
Qu'est deuenu Renault.

A l'auril de ses ans quelque accident funeste
Seroit-il arriué,
Ou Iupiter en la maison celeste
L'auroit-il enleué?

Non, non, l'amour du change où l'humaine malice
Se laiße aller souuent,
Fait qu'à mon dam son cœur plein d'artifice
A mis la voile au vent.

Quoy donc? ny la beauté, ny les faueurs d'Armide,
(O cruel souuenir!)
Ny les sermens de son ame perfide
Ne l'ont sçeu retenir.

A La fin de ces vers les Demons sortirent de leurs Coques, & parurent de nouueau comme ils sont pourtraicts en la dixiesme planche, sçauoir en formes de Vieilles depuis le nombril en haut, auec grands chapperons à l'antique, ayant la queuë detroussée, vn corcét de satin noir, chamarré d'argent : & du nombril en bas, elles auoyent des culottes à l'antique, de satin incarnad brodé d'or, dont les canons descendoyent jusques au bas des genoux. Ces Vieilles estoyent bottées, & esperonnées, & se peut dire, que (jusques icy) rien ne s'est veu de si bizarre & si plaisant que ce Ballet, Marais estoit celuy qui representoit Armide en ses furies & ses chants, & Belleuille (qui generallement auoit fait tous les Airs & toutes les dances du Ballet) estoit encores le particulier conducteur de tous ses Demons inuoquez. Tous les deux estans assez cognus, n'ont besoing que d'estre nommez pour auoir des loüanges. aussi retourné-je a dire qu'Armide se fit emporter par ces Demons, que son Iardin qui parauant estoit si beau ne deuint plus qu'vne Cauerne deserte, & affreuse aux yeux de ceux qui la virent, que tout trembla, & changea tout ensemble, au transport de cette sorciere, & que tous les Ballets d'entrée finirent en ce changement.

E iij

APres vn moment de relafche (pour donner loyfir aux efprits de fe porter à nouueaux objects,) entra dans la falle
vn petit Bois, cy apres pourtraict, dans lequel chantoyent fei-
ze perfonnes veftuës en Caualliers antiques, auec Sallades en
tefte, & grandes plumes pendantes en arriere, qui rempliffoyent
ce petit Bois d'vne diuerfité tres-agreable . Ces Caualliers fai-
foyent vn concert de Mufique conduit par le fieur Guedron ;
veritablement inimitable en fes fçiences : mais particulierement
admiré pour l'inuention de fes beaux Airs. Le Bois, & les hommes fembloyent eftre efmeus par la puiffance d'vn Hermite reprefenté par le Bailly qui fe peut glorifier d'auoir, & d'auoir eu
la plus belle & plus charmeufe voix de fon temps, & cét Hermite tenoit la place du viel Pierre, par la fçience duquel Renault fut deliuré de fa prifon. Les autres Caualliers reprefen-
toyent les Soldats de l'armée de Godeffroy, qui impatiens de
l'eflongnement de Renault, le cherchoyent en chantant ces
vers, faits par Guedron .

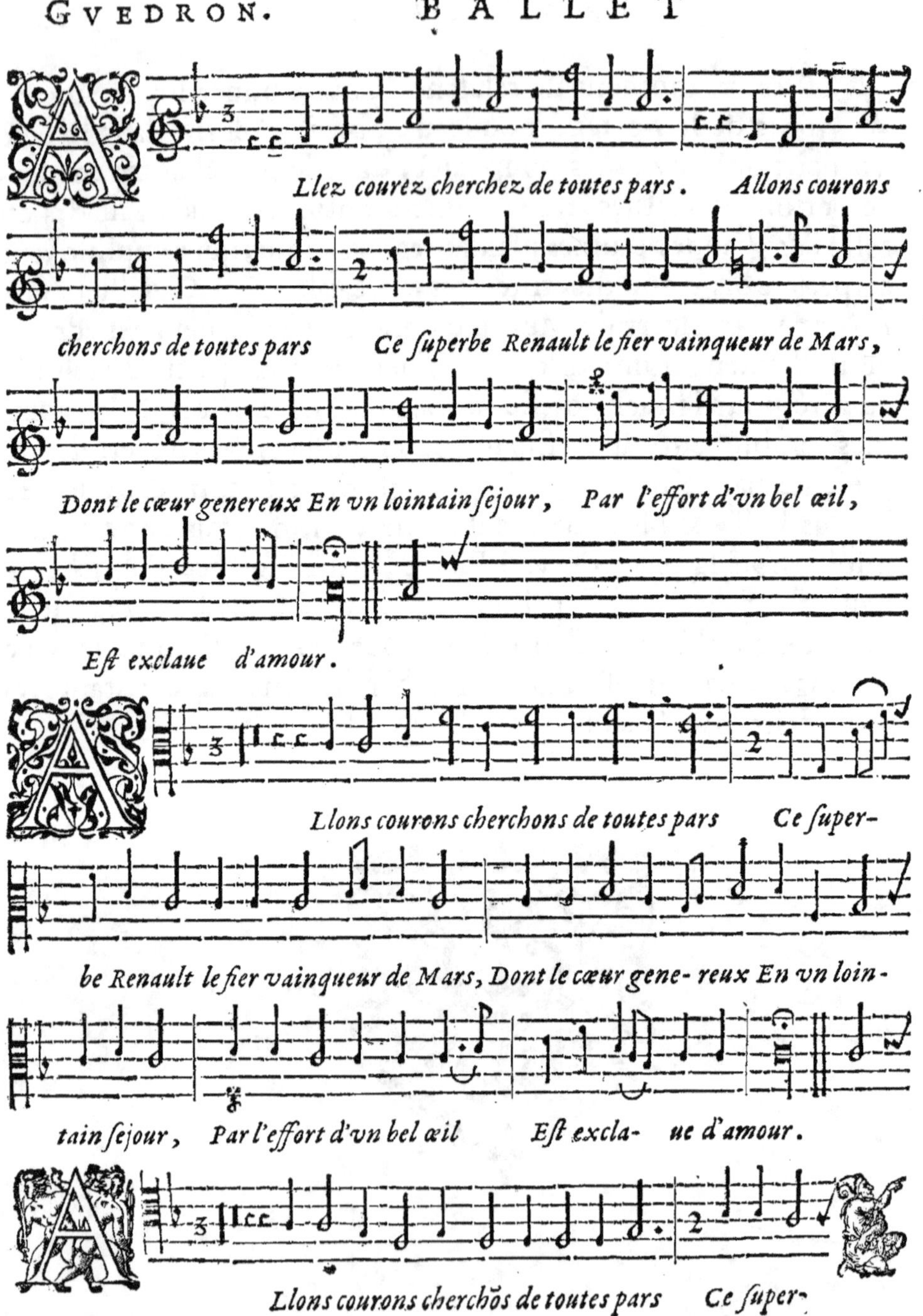

Llez courez cherchez de toutes pars .   Allons courons
cherchons de toutes pars   Ce superbe Renault le fier vainqueur de Mars,
Dont le cœur genereux En vn lointain sejour ,   Par l'effort d'vn bel œil,
Est exclaue   d'amour.
Llons courons cherchons de toutes pars   Ce super-
be Renault le fier vainqueur de Mars, Dont le cœur gene- reux En vn loin-
tain sejour ,   Par l'effort d'vn bel œil   Est excla-   ue d'amour.
Llons courons cherchŏs de toutes pars   Ce super-

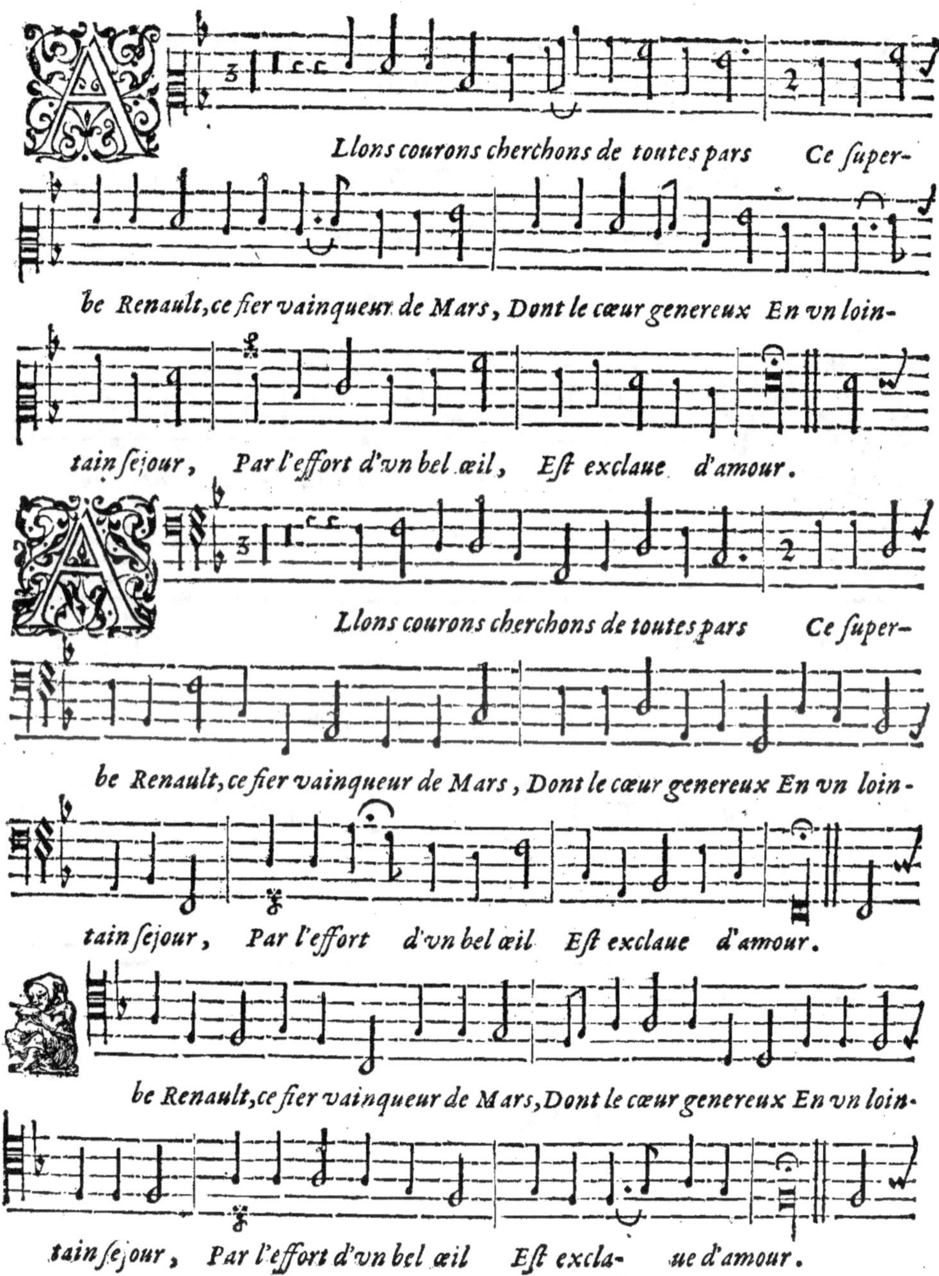
Llons courons cherchons de toutes pars   Ce super-
be Renault, ce fier vainqueur de Mars, Dont le cœur genereux En vn lointain sejour,   Par l'effort d'vn bel œil,   Est exclaue d'amour.
Llons courons cherchons de toutes pars   Ce super-
be Renault, ce fier vainqueur de Mars, Dont le cœur genereux En vn lointain sejour,   Par l'effort   d'vn bel œil   Est exclaue d'amour.
be Renault, ce fier vainqueur de Mars, Dont le cœur genereux En vn lointain sejour,   Par l'effort d'vn bel œil   Est excla-   ue d'amour.

F

BALLET

APres ces vers, l'Hermite commençoit ce Dialogue, en les aduertiſſant du retour de Renault.

DIALOGVE ENTRE VN MAGE ET LES SOLDATS.

LE MAGE.

GVEDRON.

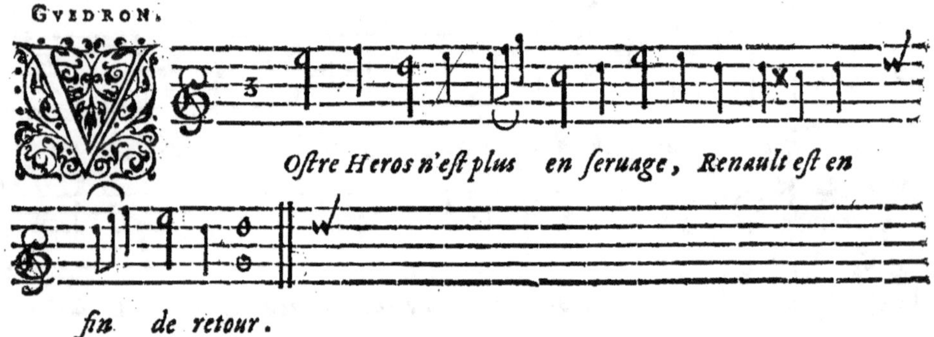

B A S S E-C O N T R E.

Il a banny de ſa memoire
L'objeĉt du monde le plus beau.

LES SOLDATS.

Vn noble cœur ſauue ſa gloire,
Et mét ſes plaiſirs au tombeau.

BALLET

ET ce Dialogue fini se faisoit vne grande Musique du conser̄
du sieur Guedron & de l'autre qui premieremét s'estoit fait admirer sous la conduitte du sieur Mauduit, chacun auoüa que l'Eu-
roppe n'a jamais rien ouy de si rauissant, & le nombre de quatre-
vingt douze voix & de plus de quarente cinq Instrumens, estant
joinct ensemble faisoit vn si doux bruit qu'il ne sembloit point reuenir au quart de ce dont il estoit composé. Les vers qui suyuent
faits & mis en Air par Guedron, furent ceux qu'ils châterét enséble.

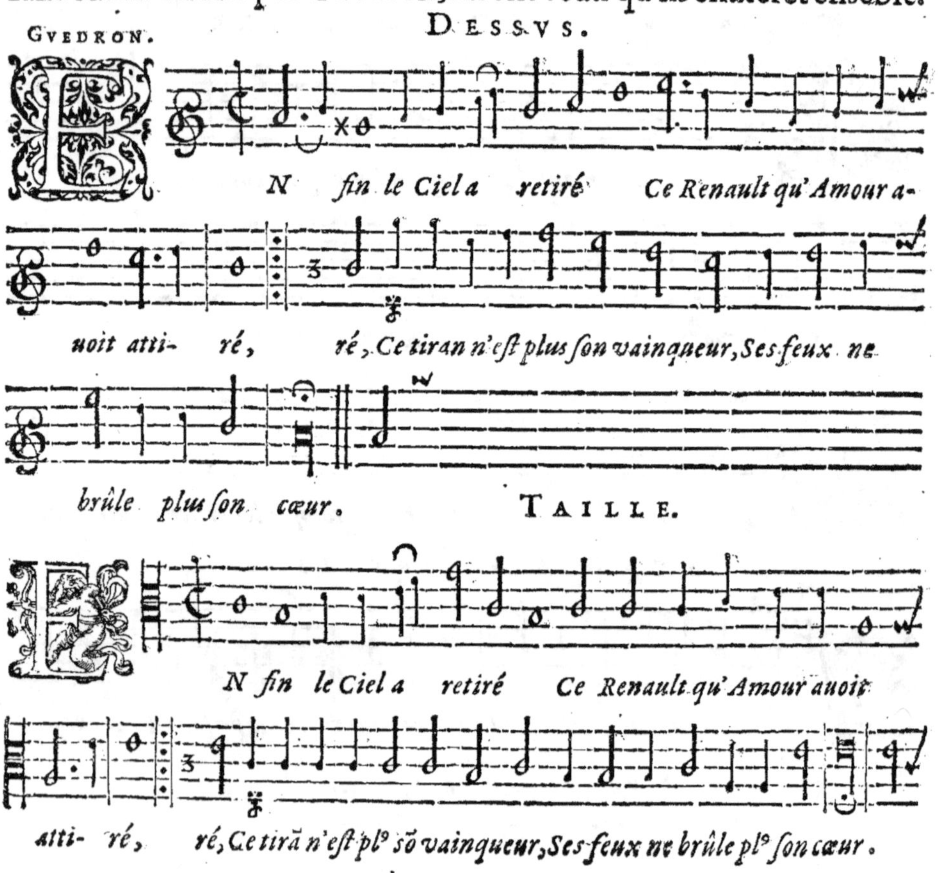

En fin la raison de retour,　　　　Il à quitté cette beauté
Se voit en luy triompher de l'Amour.　Qui n'est riē moins qu'vn soleil en clair-
Ce tiran n'est plus son vainqueur,　　Vn bel œil n'est pl° son vainqueur, (té,
Ses feux ne brûle plus son cœur.　　Ses feux ne brûle plus son cœur.

11

TOut se changea de soy-mesme à mesure que ce petit Bois se
retira. Aux deux costez du theatre s'esleuerent deux grands
Palmiers, portant chacun des trophées qui montroyent auoir esté conquis sur les ennemis du nom Chrestien : mais pas vn ne les
considera: car la face du milieu ou Godefroy & les chefs de son Armée estoyent assemblez pour se rejoüir de l'heureux retour de Renault, atira tant d'yeux a soy, qu'il n'en resta plus pour les trophées.
La planche suiuante montre bien quelque chose de sa beauté: mais
elle en est pourtât autant eslôgnée que la pensée des plaisirs est dis-
tante de leur realité. Le Roy comme vn autre Godefroy estoit sur
vn Trosne dans ce pauillon de toille d'or, regardant au dessous de
luy, les mesmes Seigneurs de sa Cour qui l'auoyent accompagné
en la representation des Demons, & qui par cette feinte tesmoi-
gnoyent la veritable enuie qu'ils auoyent de le suiure en la mesme
action qu'ils representoyent. Tous ensemble parurent à mesure
que ce grand pauillon se tourna, & comme on a quelque-fois en-
tendu les peuples deuotieusement assemblez, s'escrier vnanimemét
en l'aparition de quelque miracle, on ouyt toute l'assemblée donner des aplaudissemens a la veuë de ce pauillon enrichy de si rares
personnes. L'esclat des pierreries cacha pour vn temps la majesté
des visages, & soudain apres, les visages se faisant conoistre, firent
negliger les enrichissements des habits. Il fut douteux encores si les
Masques paroissoyent immobilles pour l'estonnement de voir
tant de beautez, ou si les beautez mesmes ne se mouuoyent point
de peur de se diuertir tant soit peu de l'agreable veuë des Masques:
Mais en fin le Roy donna le signal, chacun descendit pour luy faire place, & tandis qu'il s'auança sur le deuant du theatre les Violons joüerent le grand Ballet.

CE grand Ballet fut dancé auec tant d'ordre & de difpofi-
tion, qu'aucun autre deuant luy ne fe peut vanter de la
mefme beauté, vn feul des François ne fe peut tenir de benir
le Ciel en la gentilleffe de fon Roy, la majefté qui femble contraire a telles actions eftoit toujours au deuant de fes pas, & la
grace n'euft efté que pour luy feul, fi ceux qui l'accompagnoyent
ne l'euffent par fois derobée pour faire admirer ce qu'ils fai-
foyent en l'imitant: mais tous enfemble fe fentirent de la puiffance que fa Majefté euft alors fur les efprits: car ceux qui n'a-
uoyent point de bonne fortune, en aquirent, & ceux qui en a-
uoyent les mirent en point de ne pouuoir eftre perdues. Ainfi le
Ballet fe finit & fit paffer vne nuit plus delicieufe, que la p'us
belle journée du Printemps. Tandis que le grand Bal fe dança,
& que chacun s'amufa à lire les vers particuliers que le Roy &
les Seigneurs de fa fuitte, donnerent aux dames, fur le perfon-
nage que chacun d'eux auoit reprefenté aux entrées.

G

VERS POVR LE ROY,
REPRESENTANT LE DEMON DV FEV,
DONNEZ A LA REYNE.

Eau soleil de qui je veux
Pour jamais souffrir les feux,
Regarde ou tu me reduis,
Et cognois ce que tu peux
En voyant ce que je suis.

Aussi ne voudrois-je pas
Qu'on ignorast icy bas
Quelz sont les feux que je sens.
Glorieux est le trépas
Qui vient de traits si puissans.

D'autres feux ne sont que jeu,
On les estaint peu à peu
Sans qu'il en paroisse rien :
Mais qui brusle de ton feu
Ne sçauroit cacher le sien.

Si les feux que j'ay sus moy
Pour aller jusques à toy
N'ont pas assez de vigueur,
Pour le moins feront ils foy
De ceux que j'ay dans le cœur.

Mais j'espere quelque jour
Que la justice d'Amour
Ne te pardonnera rien,
Et que ton cœur à son tour
Bruslera comme le mien.

DVRAND.

G ij

BALLET
POVR LE ROY, REPRESENTANT
VN ESPRIT ENFLAME'.

V'on ne s'estonne point de voir les viues flames,
Et les diuins rayons mes desirs allumans,
Ce n'est rien de nouueau, si le Soleil des Ames
Embraze de ses feux le Phenix des Amans.

Thetis qui voulut rendre Achile invulnerable,
Plongé dans l'eau du Styx le fit deuenir tel;
Par vn moyen contraire vn Astre fauorable
Purge dedans le feu ce que j'ay de mortel.

Haste-toy, grand Soleil, tu me fais trop attendre,
Car puis que le Phenix est par tout renommé
De renaistre plus beau quand il est mis en cendre,
Mon corps ne sçauroit estre assez tost consommé.

BORDIER.

POVR MONSIEVR DE LVYNES
REPRESENTANT RENAVLT,
au Ballet du Roy.

*V*and la ruſe d'vn Grec vint preſenter des armes
Aux yeux d'vn grand Heros amoly par des charmes
Pour l'attirer aux mains auecques l'ennemy :
Ces armes dont Achile alors ne tenoit compte,
Comme dans vn miroüer luy firent voir ſa honte,
Qui reueilla ſoudain ſon courage endormy.

Le meſme eſt de Renault qui mouroit par Armide :
Ses yeux ceſſent d'auoir vn aueugle pour guide :
Son cœur n'obeït plus au vouloir d'vn Enfant :
Et ſon front glorieux que le Myrte enuironne,
N'aſpire qu'aux Lauriers dont la riche couronne
Des ſiecles à venir le rendra triomphant.

Il contemple vne flame ∉ plus claire ⁊ plus nette
Que la flame qu'eſpand l'amoureuſe planette
Dont le rayon trompeur perd les plus grands cerueaux,
Il vogue en vne mer dont la guerre eſt l'orage,
Et du celeſte feu qui guide ſon courage
MARIE ⁊ GODEFROY ſont les Aſtres jumeaux.

BORDIER.

BALLET

POVR MONSIEVR LE CHEVALIER

DE VENDOSME,

representant vn Esprit aquatique.

D'Ou puis-je attendre qu'il succede
A mes ennuis quelque remede,
Puis qu'vn Dieu cause mes tourmens,
Et que l'espoir dont je me flatte
Se voit d'vne façon ingratte
Trahy mesmes des Elemens ?

J'ay creu que ma flame secrette,
Dans l'onde où j'ay fait ma retraitte
Pourroit s'amortir peu à peu :
Mais las ! telle est mon aduenture,
Que contre l'ordre de nature
L'eau s'accorde auecques le feu.

Jamais mon ardeur ne s'appaise,
Les glaçons se changent en braise
Par les rayons de deux beaux yeux,
Dont le feu qui dans l'eau s'allume
Ne peut en fin qu'il ne consume
Et l'onde, & la terre, & les Cieux.

BORDIER.

POVR MONSIEVR DE MONPOVLLAN
REPRESENTANT VN ESPRIT AERIEN.

IE ne suis point icy plein d'aisles arriué
Pour estre mis au rang des Amans infidelles :
Mais pour montrer que j'ayme en lieu si releué,
Que pour y paruenir il faut auoir des aisles.

Cher Astre, ô beau Soleil qui me donnes le jour,
Je sçay bien que la Seine vn tombeau me prepare :
Si ne puis-je arrester le vol de mon Amour,
Bien qu'il soit menacé de la cheute d'Icare.

Le Ciel, où mes desirs se veulent esleuer,
Ne les estonne point de la peur du supplice :
Car le plus grand honneur qu'il leur puiße arriuer
Ce sera de tomber d'vn si haut precipice.

BORDIER.

BALLET

POVR MONSIEVR LE CONTE
DE LA ROCHE-GVION
REPRESENTANT LE DEMON DE LA CHASSE.

INéuitables nœuds des ames,
Beautez doux fillets des esprits,
Auāt que d'auoir veu vos flames
Je tenois vos cours à mespris.
Je voyois les Cerfs aux gagnages
Viander les menus Herbages,
Dont Cerez se fait des atours
Quand le froid amant Doritye
Guette les fleurs à leur sortie
Pour les porter à ses amours.

Quand le jour cessoit de paroistre
J'estois contant d'auoir treuué
Le Veneur qui sçauoit cognoistre
Ou le Cerf s'estoit releué,
Je luy faisois voir son issuë,
Je luy mettois souuent à veuë,
Je l'allois destourner pour luy,
Et le menant à ses demeures,
Je luy montrois a quelles heures
Il auroit parfait son ressuy.

Je prenois du plaisir aux questes,
Et suyuois les Veneurs accords,
Qui par les pieds jugeant des testes
Sçauoyent bien enceindre les forts
J'aymois à voir vne assemblée
Ou d'vne chere redoublée
On trompoit le chaud ou le froid,
Et d'ou les meuttes bien conduittes
Vne fois mises sur les fuittes
Ne sortoyent jamais de leur droit.

Bref je passois mile journées
A regarder mes fauoris
Suiuant les Chiens par les menées
Demesler bien les houruaris,
Et n'aymois riē qu'ū lieu chāpestre
Quād les Demōs qui souloyēt estre
Au Jardin d'Armide enfermez,
Reüoltez de leur foy promise
Auec moy firent l'entreprise
De voir ces lieux si renommez.

Mais ô Dieux de combien je treuue
Les Bois differens de la Cour,
Que de beautez seruent de preuue
Qu'icy sont les Chasses d'amour,
Au lieu d'essayer a surprendre
Il ne faut penser qu'à se rendre,
Et si le nombre des esprits
Semble faciliter le change,
On trouue que tout leur meslange
Est encor plus pres d'estre pris.

Icy l'on tient en bonne estime
Celuy qui sçait bien redresser,
On croit le picqueur magnanime
Qui court long temps sãs se lasser:
Mais je treuue bien fort a dire
Que le gibbier s'y prenne a rire
Quand il à rendu ses abbois,
Et que les bestes couronnées
Par le changement des années
Ne se deffont point de leurs bois.

Encor treuuay-je plus estrange
Que le Veneur le plus rusé,
Ou par la fuitte ou par le change
Soit toujours en fin abusé,
Et que son but soit son seruage,

Comme si pour luy faire outrage
Cupidon auoit entrepris
De punir cette audace extresme
Qui s'adresse à la meutte mesme
Dont il chasse apres les esprits.

Mais bien que la prison soit rude
Aux esprits nourris dãs les bois,
J'ayme mieux telle seruitude
Que la liberté que j'auois.
Je tiens à plus grand auantage
De mourir pour vn beau visage
Que de tirer mile animaux,
Et pourueu qu'õ me daigne prẽdre
On ne se doit jamais attendre
De m'ouir plaindre de mes maux.

Que Renault s'eschappe d'Armide,
Qu'il change s'il veut de maison,
Je ne puis plus estre son guide
Puis que je suis mis en prison:
Que mes meuttes soyent escartées,
Que mes forests soyent desertees,
Je n'en ay plus aucun soucy.
Et desormais je ne puis croire
Qu'õ puisse auoir plaisir ny gloire
En autre lieu qu'en cettuy cy.

DVRAND.

H

BALLET

POVR M. LE GENERAL DES GALERES
REPRESENTANT LE DEMON DES FOVX.

Est il quelqu'vn qui puiße dire
N'immoller point ſur mes autels,
Et le jour void il des mortels
Sur qui je n'aye quelque empire.

Ceux qui pour meſurer les Aſtres
Nuit & jour guettēt par des trous,
Et ne viuent qu'en Loups garoux
Ne ſont-ils pas mes idolaſtres ?

Ces rimeurs qui par des paroles
Penſent ſuruiure à l'Vniuers,
Et vifs ſont rongez par les vers,
Ne vont-ils pas à mes eſcolles ?

Et ceux là qui dans les miſeres,
La faim, la ſoif, la pauureté,
Combattent pour la vanité,
Ne ſont-ils pas mes tributaires ?

Ouy, ouy, nulle ame ne s'allie,
Et ne ſe joint a ſon ſuppoſt,
Qu'elle ne reçoiue auſſi-toſt
Quelque impreſſion de follie.

Mais parmy ceux qui me careßent
Les Courtiſans ont le deſſus, (ceus
Et tous leurs vœux ſont mieux re-
Que ceux que les autres m'adreſ-
(ſent.

A toute heure en branlant la teſte,
Et d'vn ſerment bien inuenté,
D'vne incomparable beauté
Chacun d'eux vante la conqueſte.

Mais ſur tout j'ayme ces tirades
Qu'ils font de la jābe & du corps,
Et ris de voir les plus accords
Eſtre ſouuent les plus malades.

Außi ſortay-je de ma grotte,
Et viens d'vn boût de l'Vniuers
Leur faire vn preſent de ces vers,
Et leur donner vne Marotte.

DVRAND.

POVR MONSIEVR DE LIANCOVRT
REPRESENTANT VN ESPRIT FOLLET.

'Humeur extrauagante où nul fol ne m'esgalle,
Fait cognoistre que j'ayme vn objét si charmant
Que sa beauté diuine est vn nouueau Dedale,
Où les plus beaux esprits se perdent en aymant.

Qui ne perdroit le sens en voyant ma Maistresse?
Si le Ciel l'eust fait naistre en l'antique saison,
On ne parleroit point des sept Sages de Grece :
Car son œil plein d'appas eust troublé leur raison.

Vn Cheuallier volant apporta la fiolle,
Dont Roland eut moyen de reuenir à soy :
Mais helas ! je crains bien qu'en l'amour qui m'affolle,
La faueur de Daphné n'ait point d'aisles pour moy.

BORDIER.

POVR MONSIEVR DE BLEINVILLE
REPRESENTANT LE IEV.

Viuy d'vn tas de mal-contens,
Je suis par tout en mesme temps,
Nulle puissance ne m'esgalle :
Mon pouuoir s'estend sur les Rois,
J'ay pour demeure principalle
La Forest de six quatre & trois.

BALLET

Mile blasphemes sont ses fleurs,
Mile souspirs suiuis de pleurs,
Sont ses Zephirs & ses fonteines:
Le sejour en est si fatal,
Que ses routes les plus certaines
Aboutissent à l'Hospital.

Ne cherchez point, ô jeunes gens,
Ceste Forest, où les Sergens
Vous pouroyët côter vostre game:
Mais en ma maison de plaisir
Qui se nomme le trou-Madame,
Allez passer vostre loisir.

BORDIER.

POVR MONSIEVR DE CHALLAIS

REPRESENTANT VN ESPRIT AVARE.

EN terre & sur les eaux je pratique aujourd'huy
Tout ce que l'auarice apprend en ces escolles,
Du matin jusqu'au soir je chasse au bien d'autruy,
Et l'amour que je fay c'est aux seules pistolles.

Mes porteurs de poulets sont toujours des Sergens,
Greffiers & Procureurs sont mes vrais Secretaires,
De l'humeur dont je suis j'oblige force gens,
Il est bien vray que c'est par deuant des Notaires:

Ie cheris tellement la couleur de l'escu,
Sur tout lors que son poids emporte la balance,
Que je prendrois plaisir à deuenir cocu,
Si les cocus portoyent des cornes d'abondance.

BORDIER.

POVR MONSIEVR DE HVMIERES
REPRESENTANT LE DEMON DES VILLAGEOISES.

BElles lumieres de la terre'
Je viens pour declarer la guerre
Aux vanitez de vos desirs,
Et faire auoüer à vous mesmes
Qu'autāt que vos maux sōt extres-
Autāt sōt parfaits vos plaisirs.(mes,

Toute douceur vous est amere,
Souuent la rigueur d'vne Mere
Vo⁹ fait suiure vn vieil imparfait,
Et si quelqu'vne est plus hardie,
Elle ne peut sans qu'on le die
Se rejoüir d'auoir bien fait.

Mais les filles de la Campagne,
Sans qu'aucun mal les ascōpagne,
Cognoisse l'amour comme il est,
Et des que ce dieu les affolle
Je leur faits sans qu'on en cajolle
Dōner leur cœur à qui leur plaist.

Croyez moy suiuez ma doctrine,
Sās qu'aucŭ respec vous chagrine,
Venez esguayer vos-esprits,
Et vous joüer à la rustique,
Si vous n'en sçauez la pratique,
Je vous l'auray bien tost apris.

D V R A N D.

H iij

BALLET

POVR MONSIEVR DE COVRTANVAVLT

REPRESENTANT VN ESPRIT ÆRIEN.

Vi le nom de leger me voudra reprocher,
Apprenne qu'Angelique eut long temps la puißance
De rendre mon amour plus ferme qu'vn rocher,
Et qu'en fin ses rigueurs ont forcé ma constance.
L'or de ses beaux cheueux croyoit, non sans raison,
Me tenir attaché de chaisnes eternelles :
Mais la belle auoit mis vn Dedale en prison,
Qui sçait rompre ses fers & se forger des aisles.
Las ! je crains que l'Amour d'vn puißant aiguillon
Ne rebleße mes sens comme il a de coustume,
Et que mon cœur volant ne soit vn papillon
Qui dans le feu qu'il fuit à la fin se consume.

BORDIER.

POVR MONSIEVR LE CONTE

DE LA ROCHE-FOVCAVLT,

representant vn Esprit vain.

E ne sont que Cesars dont je suis le vainqueur,
Ce ne sont que Venus dont je fay la conqueste,
L'Air n'a point tant de feu que j'en ay dans le cœur,
Ny la Mer tant de vent que j'en ay dans la teste.
Ce qu'ordinairement je medite à la Cour,
Ce sont inuentions de despenses nouuelles,
Et les difficultez que je trouue en Amour
Viennent du choix que j'ay des Dames les plus belles.

Vn bon-heur eternel à mon merite joinct,
Est tel que tout me rit soit en paix, soit en guerre :
Il est vray que le Ciel m'est injuste en vn point,
De ce qu'il me reduit à marcher sur la terre.

BORDIER.

POVR MONSIEVR DE BRANTES,

REPRESENTANT VN MORE.

AVX DAMES.

N'Imaginez pas, ô beaux yeux,
Que l'Astre qui luit dans les Cieux
M'ait rendu le visage More,
Le feu trop vif à mon malheur
Qui m'a noircy de sa chaleur,
Vient de la beauté que j'adore.
Si ce beau feu que rien n'esteint,
N'auoit attaqué que mon teint,
Mon heur ne se pourroit comprendre :
Mais tel qu'vn puißant ennemy
Qui jamais n'offense à demy,
Il a reduit mon cœur en cendre.
En ce cruel embrasement,
Ce que je plains inceßamment
N'est point tant mon propre dommage,
Que de ce que l'œil mon vainqueur
Dont j'auois le portraict au cœur,
N'a point espargné son image.

BORDIER.

BALLET

POVR MONSIEVR LE BARON

DE PALLVAV,

REPRESENTANT VN ESPRIT RODOMONT.

Es parfums sont l'odeur de la poudre à canon,
J'ay les champs pour maison, & pour lit des tranchées,
La terre est vn Echo, qui ne parle sinon
Des Palmes qu'aux Cesars mes faits ont arrachées.

Caron las de passer tous ceux que le malheur
  Fait trouuer au deuant de mes armes meurtrieres,
  Maudit le bras fatal dont ma grande valeur
  Fait paslir les mortels, & rougir les riuieres.

Je voy bien que la terre est le dernier degré
  Où se vont arrester mes conquestes nouuelles :
  Que le Ciel toutes-fois ne m'en sçache aucun gré,
  Si je ne l'assaus point c'est à faute d'eschelles.

BORDIER.

VERS

REPRESENTANT LES CHEVALLIERS
DE LA TERRE SAINCTE.

A LA REYNE MERE DE SA MAIESTE'.

Es braues Cheualliers, qui jugent que la France
Sous l'appuy de vos loix peut viure en asseurance
De ne plus retomber aux maux qu'elle a soufferts,
Vont au loin, Grande REYNE, où l'honneur les appelle,
Pour combattre l'orgueil de ce Prince infidelle,
Qui tient la Palestine esclaue dans ses fers.

Leurs inuincibles cœurs surmontez par les armes
Qu'eslancent de beaux yeux pleins de feux & de charmes,
Ne souloyent adorer que l'enfant de Cypris :
Maintenant le Dieu Mars reçoit tous leurs hommages,
Et l'amour des Lauriers force leurs grands courages,
De quitter les combats dont le Myrte est le prix.

Amour qui fait toujours des efforts inutiles
Pour amolir les cœurs de ces nouueaux Achiles,
Leur fait voir des beautez qui charmeroyent les Dieux :
Mais le desir qu'ils ont d'estre mis en l'histoire,
Ne contemple sinon l'image de la Gloire,
Que le Dieu des combats leur met deuant les yeux.

I

BALLET

Quoy ! ces rares beautez reçeuront donc la honte
De voir que leurs Amans n'en tiennent plus de conte,
Et se laissent aller à de noueaux appas ?
Non, ils ont beau quitter leurs prouinces natales,
Le feu qui les consomme est le feu des Vestales,
Si rien l'esteint jamais ce sera le trespas.

Mais ils ont quand & quand le cœur trop magnanime
Pour languir en repos, & se voir en estime
De jeunes Adonis qui craignent les hazards :
Aymant mieux que des coups leurs visages meurtrißent,
Pourueu qu'estans vainqueurs leurs Dames les cherißent
De mesme que Venus cherißoit le Dieu Mars.

Ils marchent sous vn chef ißu de telle race,
Que si l'ambition le portoit en la Trace
Le Dieu qui la deffend s'y verroit plein d'effroy.
Quel insensé peut donc mettre en sa fantaisie,
Que le puißant Demon protecteur de l'Asie,
Ne se cache au seul bruit du nom de Godefroy ?

BORDIER.

POVR ARMIDE CONTENTE
DE POSSEDER RENAVLT.

Dieux ! quel est le Sort dont je suis pourſuiuie ?
Qui permét que Renault, ce redouté vainqueur,
A qui mes paſsions vouloyent oſter la vie,
Endormi qu'il eſtoit m'ayt deſrobbé le cœur ?

Mes deux mains conſpiroyent de luy meurtrir la face,
Quand mes yeux le voyant & ſi jeune & ſi beau,
Les firent conſentir à luy deſtiner place
Pluſtoſt dedans mon cœur que dedans vn tombeau.

L'impatiente ſoif de ma juſte colere
Du plus pur de ſon ſang ſe deuoit appaiſer.
Eſtrange changement ! voyant mon aduerſaire
De peur de l'éueiller je n'oſay le baiſer.

Soleil, vis-tu jamais de pareilles lumieres
A celles que cét Ange alluma dans les Cieux,
Alors que ſon réueil deferma deux paupieres
Qui ſeruoyent de nuage aux rayons de ſes yeux ?

Ces beaux yeux tout diuins, dont la douce influence
Vn printemps eternel dans les ames produit,
Firent naiſtre en mon cœur mile fleurs d'eſperance,
Qui par mile baiſers ſe changerent en fruit.

BORDIER.

F I N.

EXTRAIT DV PRIVILEGE.

AR LETTRES PATENTES DV ROY données à Fontainebleau le seisiesme jour d'Octobre, l'An de grace Mil six cens vnze, & de nostre reigne le deuxiesme. Signées PAR LE ROY EN SON CONSEIL, LARDY : & sceellées du grand sceau en cire jaune sur simple queuë, confirmatiues à d'autres precedentes. Il est permis à Pierre Ballard, Imprimeur de Musique de sa Majesté, d'imprimer, faire imprimer, vendre & distribuer toute sorte de Musique tant voccale qu'instrumentale, de quelque Autheur que ce soit. Faisans deffences à tous autres libraires & Imprimeurs de quelque condition & qualité qu'ils soyent, d'imprimer, faire imprimer, extraire partie d'icelle par quelque maniere que ce soit, ny mesme vendre ny distribuer en general ne particulier, les liures de Musique & autres, imprimés & à imprimer par ledit Ballard, sans son congé & permission, sur peine de confiscation desdits liures, despends, dommages, interéts & d'amende arbitraire : ainsi qu'il est plus amplement déclaré esdittes lettres : & ce pour le temps de dix années, à commencer du jour que les liures seront acheués d'imprimer, n'onobstant toutes lettres impetrées ou à impetrer a ce contraires. · Saditte Majesté veut sans autre signification ne formalité, l'extrait d'icelles mis au commencement ou fin de chacun desdits liures, estre tenues pour bien & deuëment signifiées à tous qu'il apartiendra.